CONGRÈS INTERNATIONAL

DES

ARCHIVISTES ET DES BIBLIOTHÉCAIRES

BRUXELLES 1910

DOCUMENTS PRÉLIMINAIRES :

1° Invitation;

2° Règlement;

3° Commission de Patronage;

4° Membres d'honneur;

5° Commissions d'organisation :
   I. Commission centrale;
   II. Commissions nationales;

6° Liste des questions mises à l'ordre du jour du Congrès.

CONGRÈS INTERNATIONAL

DES

ARCHIVISTES ET DES BIBLIOTHÉCAIRES

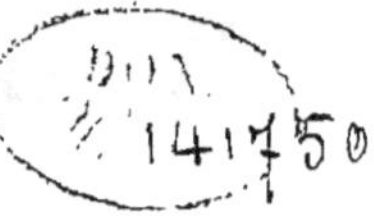

BRUXELLES 1910

Monsieur et très honoré Collègue,

Les questions que soulèvent l'organisation et la réglementation des archives et des bibliothèques, celles du recrutement du personnel scientifique de ces établissements, celles qui ont trait au dressement des inventaires et des catalogues, à la conservation et à la restauration des documents, des manuscrits et des livres, aussi bien que celles qui visent les rapports internationaux entre dépôts scientifiques, notamment en ce qui concerne le prêt des archives et volumes, l'échange des publications et des doubles, pour ne citer que celles-là, sont plus que jamais à l'ordre du jour, et l'importance des solutions qu'elles attendent croît de jour en jour, à mesure qu'augmentent le développement et l'utilisation des collections renfermées dans les archives et les bibliothèques.

C'est pour les étudier que, sur la proposition de l'*Association des Archivistes et des Bibliothécaires belges*, un Congrès international des Archivistes et des Bibliothécaires se réunira en août 1910, à Bruxelles, à l'occasion de l'Exposition universelle qui s'y tiendra.

Il a paru opportun de réunir de la sorte en un même congrès les Archivistes et les Bibliothécaires, car il a été reconnu qu'en dehors de questions particulières à étudier entre spécialistes, en des sections séparées, l'Archivéconomie et la Bibliothéconomie ont de nombreux points d'intérêt commun, pour l'examen desquels il est utile de grouper les avis simultanés des Archivistes et des Bibliothécaires.

Le moment semble des plus favorables pour la réunion projetée et la conviction des organisateurs, à ce sujet, s'appuie surtout sur un fait de la plus haute importance, qui s'est produit depuis le Congrès de 1900 : nous voulons parler de la constitution d'associations d'archivistes et de bibliothécaires dans la plupart des pays de notre continent.

On peut penser, en effet, qu'ayant éprouvé la nécessité de s'unir et de combiner leurs efforts pour la réalisation de buts échappant aux actions isolées, nos confrères saisiront avec empressement l'occasion qui leur est offerte de comparer les résultats obtenus en des pays divers par des méthodes différentes, et de soumettre à l'examen de tous, les points d'un intérêt général.

Bien plus, il y a lieu d'espérer que les vœux et décisions d'un congrès réuni sous les auspices et avec le concours effectif de tous les groupements intéressés, seront plus sûrement mis à exécution que quand leur réalisation dépendait entièrement de l'action de personnalités pleines de bonne volonté, sans doute, mais trop souvent frappées d'impuissance en raison de leur isolement.

Les travaux des congressistes seront répartis entre quatre sections :

La section I, *Archives* et la section II, *Bibliothèques,* s'indiquent tout naturellement ; pour la constitution des deux autres, il a été considéré que l'intérêt sans cesse grandissant qui s'attache à tous les problèmes ayant trait aux collections spéciales de sceaux, d'estampes et de médailles annexées aux Archives et aux Bibliothèques, de même que la part de plus en plus considérable prise par les bibliothèques populaires dans l'activité intellectuelle du monde, méritent une attention toute spéciale qui pourra mieux se développer si on la fait naître au sein de sections particulières. C'est pourquoi l'adjonction d'une section III, *Collections annexées aux dépôts d'Archives et aux Bibliothèques*, et d'une section IV, *Bibliothèques populaires*, a été décidée.

Les travaux du Congrès aboutiront, on n'en peut douter, à des résultats importants, pourvu que ses organisateurs puissent compter sur l'active collaboration de tous leurs confrères.

Aussi espérons-nous, Monsieur et très honoré Collègue, que vous voudrez bien nous accorder votre précieux concours en adhérant au Congrès.

Vous trouverez, ci-joint, le règlement ainsi que le Bulletin d'adhésion au Congrès que nous vous prions de renvoyer le plus tôt possible ([1]).

Veuillez agréer, Monsieur et très honoré Collègue, l'assurance de notre considération très distinguée.

POUR LA COMMISSION CENTRALE D'ORGANISATION :

Les Secrétaires,	*Les Présidents,*
J. CUVELIER,	A. GAILLARD,
L. STAINIER.	J. VAN DEN GHEYN; S. J.

([1]) La Commission d'organisation ne pourra garantir l'envoi de tous les documents préliminaires qu'aux personnes qui auront envoyé leur adhésion avant le 1er Juillet 1909.

RÈGLEMENT

ARTICLE PREMIER. — Il est organisé un Congrès international des Archivistes et des Bibliothécaires.

ART. 2. — Ce Congrès se réunira à Bruxelles, à l'occasion de l'Exposition universelle et internationale, dans le courant du mois d'août 1910.

ART. 3. — Le Congrès a pour but : 1° d'étudier toutes les questions théoriques et techniques appartenant au domaine de l'Archivéconomie et de la Bibliothéconomie; 2° de provoquer une entente internationale en vue de la réalisation des vœux du Congrès et de la réunion périodique de congrès similaires.

ART. 4. — Le Congrès se compose : 1° des membres des Commissions d'organisation; 2° des personnes qui, désireuses de collaborer à la réalisation du but poursuivi, enverront leur adhésion à la Commission centrale d'organisation.

ART. 5. — La cotisation des membres du Congrès est fixée à DIX francs.

ART. 6. — Les questions à traiter au Congrès devront être soumises préalablement à la Commission d'organisation. Celle-ci décidera s'il y a lieu de les discuter et éventuellement d'imprimer les rapports rédigés sur ces questions.

ART. 7. — Les rapports devront parvenir à la Commission centrale d'organisation avant le 1ᵉʳ février 1910.

Ce délai passé, aucun rapport ne sera plus imprimé avant le Congrès; toutefois, jusqu'au 1ᵉʳ juin 1910, la Commission centrale d'organisation recevra encore l'énoncé des questions à porter à l'ordre du jour ou le texte de rapports à discuter, qui pourront, après approbation, figurer dans les *Actes du Congrès*.

SÉANCES DU CONGRÈS.

ART. 8. — Pour leurs travaux, les membres du Congrès seront répartis en quatre sections où se traiteront plus spécialement les questions relatives :

1° aux Archives ;

2° aux Bibliothèques ;

3° aux collections annexées aux Archives et aux Bibliothèques ;

4° aux Bibliothèques populaires.

ART. 9. — Le Congrès tiendra des assemblées générales et des assemblées de sections.

ART. 10. — Il y aura au moins deux assemblées générales : la première, d'ouverture, pour l'installation du Congrès, la nomination du bureau du Congrès et des bureaux des sections ; la seconde, de clôture, pour l'adoption éventuelle des vœux émis par les sections.

ART. 11. — Les sections 3 et 4 ne tiendront pas de séances pendant le temps où les sections 1 et 2 se réuniront.

ART. 12. — Dans les séances, on discutera en premier lieu les rapports présentés au Congrès et préalablement imprimés et distribués, et subsidiairement les questions soumises par la Commission d'organisation et par le bureau du Congrès.

ART. 13. — Les membres du Congrès auront liberté absolue dans le choix de la langue qui leur conviendra le mieux.

ART. 14. — La parole ne sera pas accordée pendant plus de 10 minutes à chaque orateur, mais les auteurs de rapports disposeront de 20 minutes, soit pour défendre leurs rapports imprimés, soit pour proposer de nouveaux développements ou des conclusions ultérieures.

ART. 15. — Chaque section aura son propre bureau, qui réglera l'ordre du jour des séances et présidera aux délibérations.

ART. 16. — A l'assemblée générale de clôture, chaque

section présentera un rapport sommaire sur ses travaux, ainsi que les vœux qu'elle désire voir ratifier par le Congrès.

Art. 17. — Par les soins de la Commission d'organisation, il sera publié un volume renfermant les actes du Congrès.

Ce volume sera adressé à toutes les personnes qui auront adhéré au Congrès et acquitté la cotisation de 10 francs prévue à l'article 5. A la clôture du Congrès, le prix du volume sera porté à 15 francs.

Ainsi délibéré et arrêté en séance du 11 février 1909.

POUR LA COMMISSION CENTRALE D'ORGANISATION :

Les Secrétaires,	*Les Présidents,*
J. Cuvelier,	A. Gaillard,
L. Stainier.	J. Van den Gheyn, S. J.

COMMISSION DE PATRONAGE DU CONGRÈS [1]

MM. Le Baron E. Descamps, ministre des Sciences et des
    Arts, à Bruxelles.

E. De Mot, sénateur, bourgmestre de la ville de Bruxelles.

S. Bormans, administrateur-inspecteur honoraire de l'Uni-
    versité de Liége, conservateur honoraire des Archives
    de l'État, président de la *Commission royale d'His-
    toire de Belgique*, à Liége.

A. Delmer, bibliothécaire en chef de l'Université de Liége.

H. Hymans, conservateur en chef de la Bibliothèque
    royale de Belgique, à Bruxelles.

G. Kurth, directeur de l'Institut historique belge de Rome.

F. van der Haegen, bibliothécaire en chef de l'Uni-
    versité de Gand.

MEMBRES D'HONNEUR (1)

S. A. S. Mgr le Duc d'Arenberg, à Bruxelles.

MM. H. de Backer, ingénieur et bibliophile, à Bruxelles.

Le Comte de Bergeyck, membre de la Chambre des
    Représentants, à Anvers.

Ch. de Braey, agent de change et bibliophile, à Anvers.

G. Caroly, juge au tribunal civil et bibliophile, à Anvers.

Paul Cogels, président de la *Société des bibliophiles
    anversois*, à Deurne.

A. Delbeke, ministre des travaux publics, à Bruxelles.

Le Docteur V. Desguin, échevin de l'Instruction publique
    de la ville d'Anvers.

---

(1) La liste des membres de la Commission de Patronage, celle des
membres d'honneur et celle des Commissions nationales d'organisation ne
sont pas clôturées ; d'autres adhésions sont attendues : elles seront publiées
ultérieurement.

MM. F. Donnet, bibliothécaire de l'Académie des Beaux-Arts d'Anvers.

G. della Faille de Leverghem, propriétaire et bibliophile, à Deurne.

H. Fester, bibliophile, à Anvers.

L. Franck, avocat, membre de la Chambre des Représentants, à Bruxelles.

Ch. Francotte, professeur à l'Université libre de Bruxelles, membre du Conseil administratif de la Bibliothèque royale de Belgique.

G. Francotte, ancien ministre, membre de la Chambre des Représentants, à Bruxelles.

Le Vicomte de Ghellinck Vaernewyck, bibliophile, à Bruxelles.

M. Huffmann, négociant et bibliophile, à Anvers.

Le Vicomte B. de Jonghe, président de la *Société royale de Numismatique*, à Bruxelles.

Le Comte O. Le Grelle, bibliophile, à Anvers.

L. Lepage, membre de la Chambre des Représentants, échevin de l'Instruction publique de la ville de Bruxelles.

V. Luerquin, bibliothécaire du ministère des Sciences et des Arts, à Bruxelles.

Le Comte Moretus, bibliophile, à Anvers.

O. Nottebom, négociant et bibliophile, à Anvers.

H. Pirenne, professeur à l'Université de Gand, membre de la *Commission centrale des Petites Archives*, à Gand.

F. Rautenstrauch, bibliophile, à Anvers.

Max Rooses, conservateur du Musée Plantin, à Anvers.

F. Schack de Brockdorff, consul général du Danemark, à Anvers.

F. Speth, négociant et bibliophile, à Anvers.

L. Strauss, échevin des œuvres sociales de la ville d'Anvers.

A. Van den Nest, sénateur, à Anvers.

MM. E. Van der Linden, négociant et bibliophile, à
Anvers.

J. Van der Linden, membre de la Chambre des Représentants, à Bruxelles.

G. Van Hoof, inspecteur général de l'Enseignement de
la ville d'Anvers.

E. Van Overloop, conservateur en chef des Musées
royaux des Arts décoratifs et industriels, à Bruxelles.

F. Van Rensenberg, inspecteur de l'Enseignement libre,
à Anvers.

W. von Mallinckrodt, banquier et bibliophile, à
Anvers.

Mlle Marie Belpaire, bibliophile, à Anvers.

Mmes Charles Good, bibliophile, à Anvers.

La Douairière Mayer-van den Bergh, bibliophile,
à Anvers.

Léonie Osterrieth, bibliophile, à Anvers.

A. Thys, bibliophile, à Anvers.

COMMISSIONS D'ORGANISATION DU CONGRÈS

I. — COMMISSION CENTRALE

Présidents :

ARCHIVES : M. A. GAILLARD, archiviste général du Royaume de Belgique.

BIBLIOTHÈQUES : Le R. P. VAN DEN GHEYN, S. J., conservateur de la section des manuscrits à la Bibliothèque royale de Belgique.

Vice-Présidents :

ARCHIVES : M. G. DES MAREZ, archiviste de la ville de Bruxelles.

BIBLIOTHÈQUES : M. F. GITTENS, bibliothécaire de la ville d'Anvers.

Secrétaires :

ARCHIVES : M. J. CUVELIER, sous-chef de Section aux Archives générales du Royaume.

BIBLIOTHÈQUES : M. L. STAINIER, conservateur-adjoint à la Bibliothèque royale de Belgique, directeur de la *Revue des Bibliothèques et Archives de Belgique*.

Trésorier :

M. H. VAN DER HAEGE, chef de Section aux Archives générales du Royaume de Belgique, trésorier de l'*Association des Archivistes et des Bibliothécaires belges*.

Trésorier-adjoint :

M. V. TOURNEUR, attaché au Cabinet des médailles de l'État à la Bibliothèque royale de Belgique.

Membres :

MM. F. ALVIN, conservateur du Cabinet des médailles de l'État à la Bibliothèque royale, secrétaire-général de l'*Association des Archivistes et des Bibliothécaires belges.*

P. BERGMANS, sous-bibliothécaire de l'Université de Gand.

Dom U. BERLIÈRE, O. S. B., directeur honoraire de l'Institut historique belge de Rome.

Le Baron J. DE BÉTHUNE, bibliothécaire de la Ville de Courtrai.

J. BRASSINNE, premier sous-bibliothécaire de l'Université de Liége.

D.-D. BROUWERS, conservateur des Archives de l'État, à Namur.

Ch. DEFRECHEUX, bibliothécaire de la Bibliothèque populaire centrale de Liége.

Le R. P. H. DELEHAYE, S. J., bibliothécaire de la *Société des Bollandistes*, à Bruxelles.

A. DIEGERICK, conservateur des Archives de l'État, à Gand.

E. DONY, professeur à l'Athénée royal de Mons, Secrétaire de la Commission centrale des *Petites Archives.*

O. GROJEAN, attaché à la Bibliothèque royale de Belgique.

A. HANSAY, conservateur des Archives de l'État, à Hasselt.

Le Chanoine J. LAENEN, archiviste de l'Archevêché de Malines.

L. LAHAYE, conservateur des Archives de l'État, à Liége.

Le Chanoine R. MAERE, bibliothécaire de l'Université catholique de Louvain.

A. MESDAGH, sigillographe aux Archives générales du Royaume, à Bruxelles.

H. MICHAËLIS, conservateur des Archives de l'État, à Arlon.

L. PARIS, conservateur à la Bibliothèque royale de Belgique.

MM. E. Poncelet, conservateur des Archives de l'État,
à Mons.

Le R. P. Schmitz, directeur de la *Bibliothèque choisie*, à
Louvain.

Ch. Sury, bibliothécaire de l'Université libre de Bruxelles.

R. Van Bastelaer, conservateur à la Bibliothèque royale
de Belgique.

V. van der Haeghen, archiviste de la ville de Gand.

J. Vannérus, conservateur des archives de l'État à Anvers.

Le Chanoine R. Van Waefelghem, archiviste de l'abbaye
de Parc-lez-Louvain.

Le Baron A. van Zuylen van Nyevelt, conservateur
des archives de l'État à Bruges.

A. Verkooren, chef de Section aux Archives générales
du Royaume, président de la Section des Archivistes
de l'*Association des Archivistes et Bibliothécaires
belges*.

L'abbé P. J. Warichez, archiviste de la cathédrale et de
l'évêché de Tournai.

E. Waxweiler, directeur de la Bibliothèque de l'Institut
de Sociologie Solvay à Bruxelles.

A. Wotquenne, bibliothécaire du Conservatoire royal de
Musique de Bruxelles, président de la Section des
Bibliothécaires de l'*Association des Archivistes et
Bibliothécaires belges*.

II. — COMMISSIONS NATIONALES

—

Allemagne.

Dans son assemblée générale de juin dernier, le *Verein deutscher Bibliothekare* a décidé de coopérer à l'organisation du Congrès de 1910.

Les membres de la Commission nationale allemande seront désignés ultérieurement.

Président : Dr SCHNORR VON CAROLSFELD, bibliothécaire en chef de la Bibliothèque royale de la Cour et de l'État, à Munich, président du *Verein deutscher Bibliothekare*.

Angleterre.

La *Library Association of the United Kingdom* a chargé MM. H. V. HOPWOOD, bibliothécaire au *Patent Office*, et R. A. PEDDIE de la *St Bride Foundation*, à Londres, membres du Conseil de la L. A. U. K., d'organiser la coopération au Congrès.

Autriche-Hongrie.

M. le Dr G. WINTER, directeur des Archives impériales et royales d'Autriche-Hongrie s'occupe de la constitution d'une Commission nationale d'archivistes.

D'autre part, des pourparlers sont engagés avec l'*Association des Bibliothécaires autrichiens*, et il y a lieu d'espérer qu'une commission nationale sera constituée par ses soins.

Canada.

M. H.-H. LANGTON, bibliothécaire de l'Université de Toronto.

Danemark.

MM. H.-O. LANGE, bibliothécaire en chef de la Bibliothèque
royale, à Copenhague.
A.-S. STEENBERG, bibliothécaire du Lycée de Horsens,
membre du Comité d'État pour la subvention des
Bibliothèques populaires.
A. THISET, archiviste aux Archives générales du Royaume,
à Copenhague.

Espagne.

MM. le Comte DE LAS NAVAS, bibliothécaire-directeur de la
Bibliothèque du Roi, à Madrid.
D.-J. PAZ, directeur des Archives générales de Simancas.

États-Unis.

Dans sa réunion du 22 juin 1908, le Conseil de l'*American
Library Association* a décidé de coopérer à l'organisation du
Congrès de 1910.

Président : M. C.-H. GOULD, bibliothécaire de Mc Gill
University Library, à Montréal (Canada).
Secrétaire : M. J.-I. WYER, Jr, bibliothécaire à la New York
State Library, Albany (N. Y.).

France.

Par décision du Comité organisateur du Congrès international des Bibliothécaires, tenu à Paris en 1900 (Secrétaire-
général, M. Henry Martin), communiquée le 1er décembre 1907, transmission est faite à l'*Association des Archivistes
et Bibliothécaires belges* du soin d'organiser un second
congrès en 1910. Le Comité du Congrès de 1900 coopérera à
l'organisation du Congrès de 1910.

Par décision communiquée le 5 décembre 1907, le Comité de l'*Association des Bibliothécaires français* coopérera à l'organisation du Congrès ; la Commission nationale française a été constituée comme suit :

MM. J. DENIKER, bibliothécaire du Muséum d'histoire naturelle de Paris, membre de la Commission de l'*Association des Bibliothécaires français.*

P. DORVEAUX, bibliothécaire de l'École supérieure de Pharmacie de Paris.

H. MARTIN, administrateur de la Bibliothèque de l'Arsenal, à Paris, vice-président de l'*Association des Bibliothécaires français.*

H. MICHEL, bibliothécaire de la Bibliothèque municipale d'Amiens, membre du Comité de l'*Association des Bibliothécaires français.*

Ch. MORTET, conservateur de la Bibliothèque Sainte-Geneviève, à Paris, président de l'*Association des Bibliothécaires français.*

E. POIRÉE, conservateur-adjoint à la Bibliothèque Sainte-Geneviève, à Paris, trésorier de l'*Association des Bibliothécaires français.*

A. VIDIER, sous-bibliothécaire à la Bibliothèque nationale de Paris, membre du Comité de l'*Association des Bibliothécaires français.*

M. VITRAC, sous-bibliothécaire à la Bibliothèque nationale de Paris, secrétaire de l'*Association des Bibliothécaires français.*

Le concours de l'*Association des Archivistes français* est également acquis pour l'organisation du Congrès. Les membres de la Commission seront désignés ultérieurement, mais nous pouvons citer déjà :

M. H. STEIN, Sous-chef de Section aux Archives nationales, président de l'*Association des Archivistes français*, directeur du *Bibliographe moderne.*

Italie.

MM. G. BIAGI, bibliothécaire en chef de la Bibliothèque
Laurentienne, à Florence.

G. FUMAGALLI, bibliothécaire en chef de la Bibliothèque
de Brera, à Milan.

Prof. Ch. MALAGOLA, directeur des Archiveé de l'État,
à Venise.

Grand-Duché de Luxembourg.

M. VAN WERVEKE, bibliothécaire de la Bibliothèque
nationale de Luxembourg.

Principauté de Monaco.

M. I.-H. LABANDE, conservateur des Archives et de la
Bibliothèque du Palais, à Monaco.

Norwège.

MM. Dr J. BINGEN, archiviste aux Stiftarkivet, à Bergen.

H. NYHUUS, bibliothécaire de la Bibliothèque Deichmann,
à Christiania.

H. PETTERSEN, conservateur à la Bibliothèque de l'Université de Christiania.

Pays-Bas.

La Commission nationale, formée par les soins de la
Vereeniging van Archivarissen in Nederland, comprend :

MM. A.-C. BONDAM, archiviste du Royaume en Gueldre, à
Arnhem, membre du bureau de la *Vereeniging van
Archivarissen in Nederland.*

C.-P. BURGER, Jr., bibliothécaire de la bibliothèque de
l'Université d'Amsterdam.

S. DE VRIES, directeur de la bibliothèque de l'Université
de Leyde.

MM. J.-W. Enschedé, co-rédacteur du *Tijdschrift voor Boek-en Bibliotheekwezen,* à Amsterdam.

J.-A. Feith, archiviste du Royaume, à Groninghe, trésorier de la *Vereeniging van Archivarissen in Nederland.*

R. Fruin, archiviste du Royaume en Zélande, à Middelbourg, secrétaire de la *Vereeniging van Archivarissen in Nederland.*

S. Muller, Fz., archiviste du Royaume à Utrecht, président de la *Vereeniging van Archivarissen in Nederland.*

E. Wiersum, archiviste de la ville de Rotterdam, rédacteur du *Nederlandsch Archievenblad.*

Portugal.

M. X. Da Cunha, directeur de la Bibliothèque nationale à Lisbonne.

Suède.

MM. B. Lundstedt, bibliothécaire à la Bibliothèque royale, à Stockholm.

K. J. Warburg, bibliothécaire de la Bibliothèque Nobel, à Stockholm.

Suisse.

Dans sa dernière réunion annuelle, la *Vereinigung Schweizerischer Bibliothekare* a décidé de coopérer à l'organisation du Congrès, par les soins d'une commission nationale dont les membres seront désignés ultérieurement :

Président : M. H. Escher, directeur de la Bibliothèque de la ville de Zurich.

Autres pays.

Des adhésions individuelles de collaborateurs nous sont promises en Autriche, en Russie et au Japon.

Liste des Questions

MISES A L'ORDRE DU JOUR DU CONGRÈS

par la Commission d'organisation
et sur lesquelles des rapports sont demandés.

OBSERVATIONS :

1º *Cette liste n'est pas clôturée ; d'autres questions pourront y figurer, sur la proposition des Commissions nationales d'organisation.*

2º *La Commission centrale d'organisation prie les personnes désireuses de faire rapport sur l'une ou sur l'autre de ces questions, de bien vouloir lui faire connaître,* **d'urgence,** *leur intention.*

3º *Les auteurs de rapports sont instamment priés de rédiger ceux-ci au plus tôt et de les transmettre à M. J. Cuvelier (pour les Archives) ou à M. L. Stainier (pour les Bibliothèques) afin d'en permettre l'impression et la distribution immédiates à tous les adhérents au Congrès.*

Première Section : Archives

I. — Quels sont les principes qui doivent être appliqués dans *la construction des dépôts d'Archives* :
   a) Au point de vue des bâtiments ;
   b) Au point de vue de l'aménagement intérieur ?

> Cette question peut être divisée. On acceptera des rapports sur chacun des multiples points qui devront être examinés, tels que les corps de bibliothèque, les rayons, les cartons, les portefeuilles, les enveloppes, etc., en un mot tout le matériel en usage dans les dépôts y compris les ateliers de photographie, de reliure, de moulage de sceaux, etc.

II. — Y a-t-il lieu d'organiser des *expositions d'archives* ?

> Les rapporteurs sont priés d'examiner, notamment, la question si elles doivent-être permanentes ou temporaires, ou si elles peuvent, comme à Vienne, réunir ces deux qualités ; de dire aussi leur sentiment au sujet des pièces qu'il faut exposer, celles qui ont un intérêt historique ou celles qui présentent des particularités diplomatiques, ou encore les unes et les autres ?

III. — Quels sont les meilleurs procédés pour *nettoyer les archives* ?

> Examen des systèmes de nettoyage mécanique par le vide et du travail manuel par des gens à gages.

IV. — Quel est le meilleur procédé de *restauration des archives* ?

> Examen des résultats donnés par le zapon, ou d'autres procédés chimiques.

V. — *Quelles archives peut-on détruire* :

a) Parmi les documents anciens.

b) Parmi les documents modernes ?

VI. — Quelles mesures prend-on pour la conservation et l'inventorisation des *petites archives* (c'est-à-dire de celles qui ne sont pas confiées à la garde d'un archiviste) dans les divers pays ?

> Cette question, comme plusieurs de celles qui vont suivre, devrait faire l'objet d'un travail de collaboration entre les archivistes des divers pays, dans lequel chacun exposerait ce qui se pratique dans son pays.

VII. — Comment faut-il classer les *archives courantes* des administrations actuelles ?

VIII. — Comment doivent s'opérer les *versements des archives des administrations contemporaines* dans les archives anciennes ?

IX. — Comment faudrait-il organiser les *archives d'histoire économique contemporaine?*

> Il s'agit, en l'espèce, des archives des grandes industries et firmes commerciales.

X. — Exposer la législation en ce qui concerne les *archives des notaires* dans les divers pays et indiquer la solution qu'il faudrait préconiser, notamment en France et en Hollande.

> On sait qu'au cours de ces dernières années, diverses législatures ont été saisies de projets de loi sur la matière.

XI. — Que fait-on pour la conservation des *registres paroissiaux* (baptêmes, mariages, décès) dans les divers pays? Où reposent-ils? Où devraient-ils reposer? Faut-il réglementer leur communication au public?

XII. — Quelles sont les archives dont la *communication peut être autorisée au dehors?* A qui et par quelles voies cette communication peut-elle être faite?

XIII. — Exposer le *principe de la provenance* dans le classement des archives. Quels sont les pays où il est appliqué totalement ou partiellement?

XIV. — Quelles sont *les publications* à entreprendre par les administrations des Archives?

> Inventaires, collections de documents, rapports annuels (Hollande, Angleterre), communications dans le genre des *Mittheilungen der K. Preussischen Archivverwaltung,* inventaires des archives communales, annuaire (France).

XV. — Jusqu'à quel point les archivistes sont-ils tenus de se prêter aux recherches purement *généalogiques?*

XVI. — Quelle préparation faut-il exiger des fonctionnaires et employés dans un dépôt d'Archives scientifiquement organisé? Quels titres faut-il réserver au personnel scientifique?

XVII. — Dans les pays où il n'existe pas d'*École des Chartes* ni d'institution semblable y a-t-il lieu de créer un *cours d'archivéconomie* dans les universités?

XVIII. — Quels sont les jours et heures du travail, les vacances des archivistes dans les divers pays? Y a-t-il des missions scientifiques organisées par l'administration des Archives?

XIX. — Quels sont les *traitements*, les droits à l'avancement, l'âge de la retraite, les pensions dans les divers pays? Y a-t-il des indemnités de fin d'année, et à qui sont elles accordées?

XX. — Comment faut-il composer la bibliothèque des dépôts d'Archives?

> Le rapporteur est prié d'examiner, en dehors de la question des ouvrages généraux et spéciaux qui doivent constituer le fonds d'une bonne bibliothèque d'Archives, quels sont les moyens les plus efficaces pour obtenir un échange aussi étendu que possible de toutes les publications entreprises par les administrations des Archives. Il dira aussi son avis sur les catégories d'ouvrages de références qui devront être plus spécialement mis en permanence à la disposition du public dans la salle de lecture.

XXI. — Quels sont les moyens à mettre en œuvre pour arriver à faire un *départ exact* et scientifique des documents qui doivent être respectivement déposés aux *Archives* et dans les sections de manuscrits des *Bibliothèques?*

> Cette dernière question devra être débattue en une séance commune des sections d'archivistes et de bibliothécaires.

Deuxième Section : Bibliothèques

I. — Des moyens les plus pratiques à employer pour se procurer la collection complète des thèses et dissertations académiques publiées chaque année ; comment les classer et les cataloguer.

II. — Comment organiser pratiquement un bureau de renseignements à l'usage des Bibliothèques d'un pays. Note sur l'organisation et le fonctionnement du Bureau institué en Allemagne.

III. — Les publications officielles. Nécessité d'obtenir de chaque État qu'il publie une liste complète et rétroactive des publications gouvernementales afin de permettre aux Bibliothèques non seulement de faire choix parmi celles-ci, mais surtout de s'assurer aisément qu'elles en possèdent la collection complète.

IV. — Quelle préparation scientifique faut-il exiger des fonctionnaires et employés des Bibliothèques et quelles sont actuellement pour chaque pays, les conditions d'admission comme bibliothécaire dans les Bibliothèques (*a*) gouvernementales, (*b*) universitaires.

V. — *a*) Faut-il supprimer l'usage de la voie diplomatique pour le prêt des livres et manuscrits, et le remplacer par une transmission directe de Bibliothèque à Bibliothèque ?

b) N'y aurait-il pas lieu d'adopter une durée unique pour la période du prêt ?

VI. — Dans quelle mesure un bibliothécaire est-il tenu, de par ses fonctions :

a) D'établir la bibliographie des matières au sujet desquelles les lecteurs viennent faire des recherches dans son dépôt.

b) De communiquer des renseignements ou de signaler

des sources de renseignements inconnues au lecteur et qu'il ne connaît lui-même qu'en raison de la préparation d'un travail personnel sur la question.

VII. — Dans quel sens y a-t-il lieu de réorganiser et d'étendre le service des échanges internationaux ?

VIII. — Étude d'un système pour la vente et l'échange des doubles des Bibliothèques.

IX. — Quelle est, pour chaque pays, la situation des bibliothécaires au point de vue :
    a) Des traitements.
    b) De l'avancement.
    c) Des pensions.
    d) Des congés et vacances.

X. — Quoique remplissant des fonctions identiques, ou occupant des grades égaux, les bibliothécaires d'un même pays portent des titres très différents, suivant les localités et suivant les établissements auxquels ils sont attachés. N'y aurait-il pas lieu de chercher à obtenir une classification des grades et une terminologie des titres s'appliquant à toutes les Bibliothèques d'un même pays.

XI. — Dans l'état actuel de la science des Bibliothèques, quelles sont les conditions essentielles concernant, notamment, la disposition :
    a) Des salles des lectures.
    b) Des magasins de livres, que doivent prévoir les plans d'une Bibliothèque publique et en l'absence desquelles ces plans doivent être rejetés.

XII. — Dans les capitales et dans les grands centres intellectuels, n'est-il pas préférable de décharger la Bibliothèque centrale de l'État en développant les Bibliothèques spéciales annexées aux Archives, aux Musées nationaux de peinture et de sculpture, d'antiquités, d'ethnographie, d'histoire naturelle ou à d'autres institutions gouvernementales, telles que les Universités, les Palais de justice, les Observatoires, les Jardins botanique ou zoologique, etc. ?

XIII. — Étude sur les Bibliothèques pour aveugles.

> On désirerait connaître ce qui a été fait, dans les divers pays, concernant les Bibliothèques pour aveugles, tant celles qui possèdent des collections d'ouvrages imprimés en relief que celles où, dans des salles spéciales, on fait la lecture à haute voix. On indiquera également, si c'est possible, les institutions qui ont pour but l'édition et la propagation des ouvrages imprimés en relief.

XIV. — Étude comparative des différents procédés de timbrage des livres : 1° à l'encre grasse ; 2° au timbre sec ; 3° au timbre en relief avec encrage ; 4° par perforation de tout ou partie du livre ou de sa reliure.

XV. — L'*American Library Association* et la *Library Association of the United Kingdom* se sont mises d'accord pour adopter un code unique de règles pour la rédaction des fiches de catalogue, qui a été publié en 1908. N'y aurait-il pas lieu pour les associations du continent de créer des comités d'étude qui s'entendraient avec les associations américaine et anglaise en vue de l'adoption d'un code universel ?

XVI. — *a*) Comment se fait, dans chaque pays, l'inventaire de la production littéraire et scientifique (dépôt légal, achat, enregistrement pour garantir les droits d'auteurs, etc.); quel est l'organisme chargé de recruter les éléments de cet inventaire, de rédiger celui-ci et de le publier ?

b) La rédaction et la publication de cet inventaire ne devraient-elles pas être confiées à la Bibliothèque dans laquelle sont déposés les ouvrages recrutés par cette voie ?

c) En vue d'éviter les lacunes regrettables que l'on constate dans presque tous les pays, quel que soit le système usité, n'y aurait-il pas lieu de préconiser l'obligation absolue du dépôt rendue plus acceptable et plus efficace par le paiement, sur certaines bases, de l'objet déposé ?

Troisième Section : Collections annexées
aux dépôts d'Archives et aux Bibliothèques

I. — Comment faut-il organiser une exposition permanente de manuscrits et de livres précieux?

II. — La place d'une collection sigillographique est-elle dans un dépôt d'Archives, dans les Collections numismatiques ou dans un Musée archéologique?

III. — Quels sont les meilleurs procédés de surmoulage des sceaux? Examiner notamment les avantages et les inconvénients de la galvanoplastie?

IV. — Comment faut-il cataloguer les sceaux?

V. — Quel est le meilleur moyen de conserver les sceaux appendus à des actes ou imprimés en placard?

VI. — Le sceau étant un objet éminemment fragile, n'y a-t-il rien à faire pour donner au moulage un certificat d'authenticité qui subsisterait après la disparition du document original?

VII. — Quels sont les résultats donnés par le Zapon dans la restauration des sceaux? Existe-il de meilleurs procédés de restauration que la zaponisation?

VIII. — N'y a-t-il pas lieu de procéder au surmoulage des sceaux accompagnant des pièces acquises par un dépôt d'Archives, dès leur entrée dans ce dépôt, pour autant, bien entendu, qu'il n'en existe pas encore d'exemplaires dans la collection?

IX. — N'y a-t-il pas lieu de procéder à des échanges de surmoulages de sceaux entre les différents dépôts et quel est le meilleur moyen d'enveloppement et d'expédition de ces surmoulages ?

X. — Comment organiser l'exposition des médailles et monnaies dans les Bibliothèques publiques?

XI. — Comment faut-il classer les collections de médailles annexées aux Bibliothèques publiques?

XII. — De la nécessité d'adopter des règles spéciales en matière de comptabilité pour les Cabinets des médailles annexés aux Bibliothèques publiques.

XII. — De l'accessibilité au public des Cabinets de médailles et des obligations des conservateurs de ceux-ci.

Quatrième Section : Bibliothèques populaires

I. — Quels sont les moyens les plus efficaces pour créer et développer rapidement des Bibliothèques pour enfants ?

> L'étude demandée devrait considérer la création et la multiplication rapide : 1º de Bibliothèques pour enfants indépendantes ; 2º de Bibliothèques pour enfants, rattachées à des établissements d'instruction ou à des institutions réservées aux enfants et adolescents, telles que salles pour jeux, patronages, etc. ; 3º de salles spéciales réservées aux enfants et adolescents, dans les Bibliothèques publiques qui ne peuvent, actuellement, être fréquentées qu'à partir d'un certain âge.

II. — A-t-on constaté, par des faits précis, l'utilité des Bibliothèques pour enfants au point de vue : 1º de la fréquentation des écoles ; 2º du respect des livres communiqués dans les Bibliothèques ou prêtés à domicile ?

III. — Dans une Bibliothèque pour enfants, le personnel doit il se borner à mettre les livres à la disposition des lecteurs ou faut-il recommander les causeries, lectures à haute voix, projections lumineuses, etc., usitées dans certaines Bibliothèques pour enfants ?

IV. — Étude sur les procédés les plus efficaces, les plus rapides et les plus économiques pour désinfecter, sans détériorer : 1º les livres d'une Bibliothèque populaire pratiquant surtout le prêt des livres à domicile ; 2º les livres communiqués dans les locaux d'une Bibliothèque populaire.

V. — Quelles sont les conditions essentielles que doivent réunir les locaux destinés à une Bibliothèque populaire ?

VI. — Y a-t-il avantage, dans une grande ville, à organiser une Bibliothèque populaire centrale ayant dans chaque quartier de la ville une succursale alimentée par la Bibliothèque centrale, ou vaut-il mieux organiser, dans chaque quartier, une Bibliothèque complète et indépendante ?

REVUE

DES

BIBLIOTHÈQUES ET ARCHIVES

DE BELGIQUE

Fondée en 1903, sous la direction de M. **L. Stainier**, conservateur-adjoint à la Bibliothèque royale de Belgique, la *Revue des Bibliothèques et Archives de Belgique* compte, parmi ses collaborateurs, les bibliothécaires et archivistes les plus autorisés du pays. Elle a pour but, non seulement de constituer un trait d'union entre les archivistes et les bibliothécaires, mais surtout de mettre à leur disposition un organe qui leur permette de faire connaître au public les richesses renfermées dans les dépôts scientifiques, ainsi que celles qui viennent chaque jour les augmenter et les enrichir.

Livraisons bimestrielles d'au moins 80 pages in-8°.

ABONNEMENT :

BELGIQUE : 10 FRANCS — UNION : 12 FRANCS

G. VAN OEST & Cᴵᴱ

ÉDITEURS,

16, rue du Musée, BRUXELLES.

Sur demande, on enverra à MM. les Bibliothécaires et Archivistes la liste des travaux publiés jusqu'à ce jour, ainsi que les conditions spéciales pour l'acquisition de la collection complète.